85
gute Wünsche zum Geburtstag

Viel Glück & viel Segen!

benno

1

Viel Glück auf deiner Lebensreise

Möge die Straße dir entgegeneilen,
möge der Wind immer in
deinem Rücken sein.

Möge die Sonne warm
auf dein Gesicht scheinen
und der Regen sanft auf deine Felder fallen.

Und bis wir uns wiedersehen,
halte Gott dich im Frieden seiner Hand.

Irischer Reisesegen

2

Bewahre das Staunen

Der einfachste und kindlichste
ist der Weg des Staunens
über die Natur
und des ahnungsvollen Lauschens
auf ihre Sprache.

Hermann Hesse

3

Bleibe im Gleichgewicht

Der Himmel hat den Menschen
als Gegengewicht
gegen die Mühseligkeit des Lebens
drei Dinge gegeben:
die Hoffnung, den Schlaf und das Lachen.

Immanuel Kant

4

Bleib heiter

Jede Minute, die man lacht,
verlängert das Leben um
eine Stunde.

Chinesische Weisheit

5

Bleib jung im Herzen

Alt ist man erst dann,
wenn man an der Vergangenheit
mehr Freude hat als an der Zukunft.

John Knittel

6

Liebe das Lebendige

Es ist wichtiger,
dass jemand sich über
die Rosenblüte freut,
als dass er ihre Wurzel
unter das Mikroskop bringt.

Michelangelo Buonarroti

7

Geniesse die Freude

Immer die kleinen Freuden aufpicken,
bis das große Glück kommt.
Und wenn es nicht kommt,
dann hat man wenigstens
die kleinen Glücke gehabt.

Theodor Fontane

8

Bleibe jung mit Herz und Seele

Man bleibt jung, solange man noch lernen, neue Gewohnheiten annehmen und Widerspruch ertragen kann.

- Marie von Ebner-Eschenbach

9

Bewahre dir die Kraft der Erinnerung

Das Bewusstsein eines erfüllten Lebens
und die Erinnerung an viele gute Stunden
sind das größte Glück auf Erden.

Cicero

10

Mögen die Engel Gottes immer mit dir sein

dich schützend begleiten
auf dem Weg durch den Tag,
vom ersten Hahnenschrei
bis zum Aufzug des Mondes,
auf dem Weg durch das Jahr,
vom Aufblühen der Knospen
bis zur Ernte,
auf dem Weg durch das Leben,
vom Kind bis zum Greis.

Irischer Segenswunsch

11

Geh deinen Weg gelassen und ruhig

inmitten des Lärms und der Hast dieser Zeit und erinnere dich, welcher Frieden in der Stille liegt. Erfreue dich an deinen Leistungen ebenso wie an deinen Plänen.

Aus der Lebensregel von Baltimore

12

Mögen die kleinen Dinge dir Kraft schenken

Wer gesammelt
in der Tiefe lebt,
der sieht auch die kleinen Dinge
in großen Zusammenhängen.

Edith Stein

13

Lache auch einmal über dich selbst

Alles fügt sich und erfüllt sich.
Jetzt sind die guten alten Zeiten,
nach denen wir uns in zehn Jahren
zurücksehnen werden.

Peter Ustinov

14

Zeit der Ruhe wünsche ich dir

Nur wenn der See
zur Ruhe gekommen ist,
erkennst du im klaren Wasser
dein Gesicht
wie in einem Spiegel.

15

Nutze deine Erfahrungen

Erfahrung ist eine
strenge Lehrmeisterin.
Sie stellt zunächst
die Prüfungsaufgaben
und beginnt danach
mit dem Unterricht.

Altes Sprichwort

16

Lächle

Wir sind physisch
darauf angewiesen,
die Freude zu haben,
denn die Freude
schenkt uns Kraft.

Mutter Teresa

17

Geniesse Überraschungen

Das Leben ist wundervoll.
Es gibt Augenblicke,
da möchte man sterben.
Aber dann geschieht etwas Neues und
man glaubt, man sei im Himmel.

Edith Piaf

18

Hüte deine Erfahrungen

Erfahrung ist nicht das,
was einem zustößt.
Erfahrung ist das,
was man aus dem macht,
was einem zustößt.

Aldous Huxley

19

Lösbare Aufgaben wünsch ich dir

Das schwere Leben
ist am leichtesten zu tragen,
wenn man sich schweren Aufgaben stellt.

Peter Rosegger

20

Mache Entdeckungen auf den zweiten Blick

Mit dem Leben ist es
wie mit einem Theaterstück:
Es kommt nicht darauf an,
wie lang es ist, sondern wie bunt.

Seneca

21

Mögest du

in deinem Herzen
das vergangene Lebensjahr
in Dankbarkeit bewahren.

Mit jedem Jahr wachsen die Gaben,
die Gott dir schenkte,
um alle, die du liebst,
mit Freude zu erfüllen.

Irischer Segenswunsch

22

Lebe einfach und glücklich

Ich verstehe nicht, warum die Menschen so viel Verlangen nach Reichtum haben. Reichtum ist einfach ein Überfluss an dem, was wir nicht brauchen.

Abraham Lincoln

23

Höre auf deine Seele

Täglich eine halbe Stunde
auf Gott zu horchen ist wichtig,
außer wenn man sehr viel zu tun hat,
dann ist eine ganze Stunde nötig.

Franz von Sales

24

Bleib sensibel

Nicht das Vielwissen sättigt die Seele
und gibt ihr Befriedigung,
sondern das innere Schauen
und Verkosten der Dinge.

Ignatius von Loyola

25

Zufriedenheit wünsche ich dir

Es gibt nur ein Mittel sich wohlzufühlen: Man muss lernen, mit dem Gegebenen zufrieden zu sein, und nicht immer das verlangen, was gerade fehlt.

26

Ich wünsche dir Weitblick

Sorge nicht,
wohin dich der einzelne Schritt führt:
Nur wer weit blickt,
findet sich zurecht.

Dag Hammarskjöld

27

Schöpfe Kraft aus der Natur

Die Natur hat dafür gesorgt,
dass es, um glücklich zu leben,
keines großen Aufwandes bedarf,
jeder kann sich selbst glücklich machen.

Seneca

28

Möge deine Zeit erfüllt sein

Immer beschäftigt sein
und nicht unter der Eile leiden,
das ist ein Stück
Himmel auf Erden.

Johannes XXIII.

29

Lerne geniessen

Hoffe nicht, harre nicht,
frisch die Zeit beim Schopf gefasst!
Suche nichts, was dir gebricht,
und genieße, was du hast.

Johann Caspar Lavater

30

Beklage dich nicht

Wollen wir uns über die Zeit beklagen?
Nicht die Zeiten sind gut oder schlecht.
Wie wir sind, so sind auch die Zeiten.
Jeder schafft sich selber seine Zeit!
Lebt er gut, so ist auch die Zeit gut,
die ihn umgibt!
Ringen wir mit der Zeit, gestalten wir sie!
Und aus allen Zeiten
werden heilige Zeiten.

Aurelius Augustinus

31

Halte die Balance des Lebens

Leicht zu leben ohne Leichtsinn,
heiter zu sein ohne Ausgelassenheit,
Mut zu haben ohne Übermut –
das ist die Kunst des Lebens.

Theodor Fontane

32

Geniesse die Freude des Lebens

Der beste Weg,
sich selbst eine Freude zu machen, ist:
zu versuchen, einem anderen
eine Freude zu bereiten.

Marc Twain

33

Halt auch einmal inne

Ein Stück des Weges liegt hinter dir,
ein anderes Stück hast du noch vor dir.
Wenn du verweilst, dann nur,
um dich zu stärken,
nicht aber, um aufzugeben.

Augustinus von Hippo

34

Höre auf dein Herz

Man sieht nur mit dem Herzen gut,
das Wesentliche
ist für die Augen
unsichtbar.

Antoine de Saint-Exupéry

35

Lass dich überraschen

Glücklich ist,
wer sich bei Sonnenuntergang
über die aufgehende Sonne freut.

Adalbert Ludwig Balling

36

Entdecke immer wieder Neues

Solange man mit
Augen, Mund und Ohren neugierig ist,
trotzt man dem Alter.

L. Lencester

37

Nimm das Leben, wie es ist

Gegen ein hohes Alter
kann man nichts machen.
Aber man kann versuchen,
möglichst lange alt zu sein.

Johannes XXIII.

38

Pflege deine Träume

Nenne dich nicht arm,
wenn deine Träume
nicht in Erfüllung gegangen sind,
wirklich arm ist nur der,
der nie geträumt hat.

Marie von Ebner-Eschenbach

39

Für dich

Der Herr sei neben dir,
um dich zu bewahren
vor den Gefahren dieses Lebens.
Der Herr sei unter dir,
um dich aufzufangen,
wenn du fällst.
Der Herr sei in dir,
um dich zu trösten,
wenn du traurig bist.
Der Herr sei um dich herum,
um dich zu schützen.
Der Herr sei über dir,
um dich zu segnen.
So segne dich der gütige Gott.

Altchristliches Segensgebet

40

Blicke dankbar zurück

Wer jeden Abend sagen kann,
ich habe gelebt,
dem bringt jeder Morgen
einen neuen Gewinn.

Seneca

41

Vertrau auf dein Gefühl

Nicht was wir erleben,
sondern wie wir es empfinden,
macht unser Schicksal aus.

Marie von Ebner-Eschenbach

42

Erfüllung wünsch ich dir

Du kannst dein Leben
nicht verlängern
noch verbreitern,
nur vertiefen.

Gorch Fock

43

Bleibe wach

Jeder, der sich die Fähigkeit erhält,
Schönes zu erkennen,
wird nie alt werden.

Franz Kafka

44

Möge das Glück bei dir sein

Seelenruhe, Heiterkeit und Zufriedenheit
sind die Grundlagen allen Glücks,
aller Gesundheit und des langen Lebens.

Christoph Wilhelm Hufeland

45

Gott schütze dich

Er bewahre dich
vom Kopf bis zu den Füßen.
Er schenke dir seinen Frieden.

Irischer Segenswunsch

46

Halte dich fest an Gott, mach's wie der Vogel,

der auch nicht aufhört zu singen,
auch wenn der Ast bricht.
Denn er weiß, dass er Flügel hat.

Johannes Bosco

47

Nimm dir Zeit für stille Stunden

Die größten Ereignisse,
das sind nicht unsere lautesten,
sondern unsere stillsten Stunden.

Friedrich Nietzsche

48

Glaube an die Liebe

Die Liebe wählt sich den kleinen Ort,
auf den sie scheinen will,
alles Übrige steht bei ihr im Schatten.

Johann Heinrich Pestalozzi

49

Bleib optimistisch

Der ganze Reiz und die ganze Schönheit
des Lebens setzen sich
aus Licht und Schatten zusammen.

Leo Tolstoi

50

Nimm dein Leben dankbar an

Dank sei dir, Gott,
für die Gaben, die du mir
geschenkt hast, für jedes Jahr
mit seinen Erfahrungen,
jede Begegnung
mit ihrer Weisheit,
für jede Nacht
zu Lande und zu Wasser,
für jedes Wetter, Sonnenschein,
Regen und Sturm.

51

Nimm dir Zeit für deine Seele

Von der Seele geht die Kraft aus,
um den Leib zu beleben,
wie vom Wasser die Erde belebt wird.

Hildegard von Bingen

52

Glaube an die Geheimnisse des Himmels

Schön ist, was wir sehen,
schöner, was wir erkennen,
weitaus am schönsten aber,
was wir nicht fassen können.

Niels Stensen

53

Behalte die Liebe im Herzen

Solange wir das Leben haben,
sollen wir es mit den uns eigenen Farben
der Liebe und der Hoffnung ausmalen.

Marc Chagall

54

Bleib offen für Überraschungen

Bewahre in allen Dingen
die Freiheit des Geistes,
und sieh zu, wohin er dich führt.

Ignatius von Loyola

55

Gönn dir Pausen

Du kannst beten, während du arbeitest.
Die Arbeit hält das Gebet nicht auf
und das Gebet nicht die Arbeit.

Mutter Teresa

56

Öffne dein Herz

Je dunkler es hier um uns wird,
desto mehr müssen wir das Herz öffnen
für das Licht von oben.

Edith Stein

57

Lach auch immer wieder über dich selbst

Humor ist die Kunst,
sich ohne Spiegel
selber ins Gesicht zu lachen.

Paul Hörbiger

58

Behalte deinen Humor im Herzen

Heiterkeit ist unmittelbarer Gewinn.
Sie allein ist die
bare Münze des Glücks.

Arthur Schopenhauer

59

Der Engel Gottes sei vor dir,

um dir den rechten Weg zu zeigen.

Der Engel Gottes sei neben dir,
um dich in die Arme zu schließen
und um dich zu schützen.

Der Engel Gottes sei unter dir,
um dich zu bewahren
vor der Heimtücke böser Menschen.

Der Engel Gottes sei unter dir,
um dich aufzufangen, wenn du fällst,
und dich aus der Schlinge zu ziehen.

Der Engel Gottes sei in dir,
um dich zu trösten, wenn du traurig bist.

Irischer Segenswunsch

60

Bleib offen für andere

Lasst uns Brücken bauen,
und wenn der andere
nicht zu uns herüberkommen will,
so lasst uns zusehen,
ob wir nicht zu ihm gehen können.

Augustus Wibbelt

61

Stärke wünsch ich dir

Warten gibt Stärke;
Warten bringt die jungen Trauben zur Reife
und wandelt, was nur sprossender Keim
war, zu kraftvoller Saat.

Ovid

62

Lass dein Herz sprechen

Zufriedenheit erwächst
nicht aus Dingen,
sondern nur aus der Tiefe unserer Seele.

Mark W. Bonner

63

Gönne dir Oasen der Stille

Die Stille ist nicht
auf den Gipfeln der Berge,
der Lärm nicht
auf den Märkten der Städte;
beides ist in den Herzen der Menschen.

Laotse

64

Sei gut zu dir

Tu deinem Leib etwas Gutes,
damit die Seele Lust hat,
darin zu wohnen.

Teresa von Ávila

65

Geduld wünsch ich dir

Man muss nicht nur
mit anderen Geduld haben,
sondern auch mit sich selbst.

Franz von Sales

66

Gelassenheit wünsch ich dir

Nehmen wir uns nicht zu viel vor.
Es genügt die friedliche und ruhige Suche
nach dem Guten an jedem Tag,
zu jeder Stunde,
aber ohne Übertreibung und Ungeduld.

Johannes XXIII.

67

Sei für Überraschungen gut

Die Liebe allein versteht das Geheimnis,
andere zu beschenken und dabei
selbst reich zu werden.

Augustinus

68

Gute Erinnerungen wünsch ich dir

Wer so lebt, dass er mit Vergnügen
auf sein Leben zurückblickt,
lebt zweimal.

Martial

69

Bleib immer jung im Herzen

Ein großer Mensch ist derjenige,
der sein Kinderherz nicht verliert.

James Legge

70

Geniesse die Beschaulichkeit

Es gibt wichtigere Dinge im Leben,
als beständig dessen Geschwindigkeit
zu erhöhen.

Mahatma Gandhi

71

Höre auf deine Stimme

Ihr Kinder des Friedens,
wendet eure Ohren weg
vom Geschrei der Welt
und gebt sie hin und lauscht
der Stille des Geistes, der in euch spricht.

Elisabeth von Schönau

72

Mach dir keine Sorgen

Sorgen sind wie Babys:
Je mehr man sie hätschelt,
desto besser gedeihen sie.

Helmut Quatlinger

73

Schenke jedem Tag ein Lächeln

Was der Sonnenschein
für die Blumen ist,
das sind lachende Gesichter
für die Menschen.

Joseph Addison

74

Bau immer wieder neue Brücken

Leben einzeln und frei wie ein Baum
und geschwisterlich wie ein Wald;
das ist unsere Sehnsucht.

Nâzim Hikmet

75

Gute Begegnungen wünsche ich dir

Freundschaft verstärkt das Glück
und lindert das Elend,
sie verdoppelt unsere Freude
und halbiert unsere Schmerzen.

Joseph Addison

76

Lebe deine Sehnsucht

Es gibt Wünsche,
die man nicht erfüllt wünscht,
weil sie einem zu lieb sind.
Gingen sie in Erfüllung, so verlören sie sich.

Robert Walser

77

Dein heiliger Engel sei mit dir,

dass der böse Feind
keine Macht an dir finde.
Amen.

Martin Luther

78

Gott erhalte dich glücklich und gesund

Er gebe deinen Nachbarn
Liebe und Frieden,
und wenn die Zeit auf Erden
zum Ende kommt,
bringe Gott dich in das
königliche Haus des Himmels.

79

Begreife dein Glück an jedem Tag

Willst du immer weiterschweifen?
Sieh, das Gute liegt so nah.
Lerne nur das Glück ergreifen,
denn das Glück ist immer da.

Johann Wolfgang von Goethe

80

Schöpfe Kraft aus der Natur und ihren Gaben

Wenn ich zur Ruhe gelangen wollte,
half es mir immer,
Felder, Wasser oder Blumen zu betrachten,
in ihnen fand ich eine Spur des Schöpfers.

Teresa von Ávila

81

Alle Jahreszeiten wünsch ich dir,

die zärtliche Ungeduld des Frühlings,
das milde Wachstum des Sommers,
die stille Reife des Herbstes
und die Weisheit
des erhabenen Winters.

82

Nimm dir Zeit zu lesen

Das Leben gleicht einem Buch.
Toren durchblättern es flüchtig,
der Weise liest es mit Bedacht,
weil er weiß, dass er es
nur einmal lesen kann.

Jean Paul

83

Sei stolz auf dich

Die Leute, die nicht
zu altern verstehen,
sind die gleichen,
die nicht verstanden haben,
jung zu sein.

Marc Chagall

84

Gottes Macht halte dich aufrecht

Gottes Weisheit leite dich,
Gottes Hand bewahre dich
gegen die Fallstricke des Bösen,
gegen alle, die dir schaden wollen.

85

Bleib immer zuversichtlich und optimistisch

Nicht das Straucheln ist entscheidend,
sondern das Wiederaufrichten,
nicht die Resignation,
sondern die Hoffnung.

Franz Kardinal König

Fotonachweis
© stock.adobe.com/ulchik74 (Cover), © stock.adobe.com/Oran Tantapakul (Umschlagrückseite), S. 1/2 © stock.adobe.com/boxerx, 1.© Acik/Fotolia, 2.© Yuriy Kulik/Fotolia, 3.©Sunnydays/Fotolia, 4.© gary718 /Shuttestock, 5.© fotografiche.eu/Fotolia, 6.© Anastasiya Igolkina/Fotolia, 7.© Yul/Fotolia, 8.© silviaantunes/Fotolia, 9.© Lilya/Fotolia, 10.© Deminos/Fotolia, 11.© AntjeLindert-Rottke/Fotolia, 12.© PhotoSG/Fotolia, 13.© Alekss/Fotolia, 14.© Yuriy Kulik/Fotolia, 15.© Elenathewise/Fotolia, 16.© Alekss/Fotolia, 17.© Santorini/Fotolia, 18.© dephoto/Fotolia, 19.© Ray/Fotolia, 20.© mirpic/Fotolia, 21.© Mikhail Tchkheidze/Shuttestock, 22.© gandolf/Fotolia, 23.© Giuseppe_R/Fotolia, 24.© vencav/Fotolia, 25.© Ivan Trucic/Fotolia, 26.© Dinadesign/Fotolia, 27.© marilyn barbone/Fotolia, 28.© Andrejs/Fotolia, 29.© by-studio/Fotolia, 30.© Rita Robinson/Fotolia, 31.© Ivan Gulei/Fotolia, 32.© Jag_cz/Fotolia, 33.© silver-john/Fotolia, 34.© sborisov/Fotolia, 35.© Kushnirov Avraham/Fotolia, 36.© Anyka/Fotolia, 37.© Carola Vahldiek/Fotolia, 38.© Pseudonym/Fotolia, 39.© Peter Kirschner/Fotolia, 40.© Jeanne Hatch/Fotolia, 41.© Stefan Körber/Fotolia, 42.© Jürgen Fälchle/Fotolia, 43.© Murat Baysan/Fotolia, 44.© godfather/Fotolia, 45.©ayusloth/Fotolia, 46.© K.-U. Häßler/Fotolia, 47.© Pat on stock/Fotolia, 48.© yetishooter/Fotolia, 49.© Svetlana Wall/Fotolia, 50.© laurent dambies/Fotolia, 51.© kantapat/Fotolia, 52.© Sunnydays/Fotolia, 53.© daffodilred/Fotolia, 54.© Roman Milert/Fotolia, 55.© archana bhartia/Shuttestock, 56.© Murat Subatli/Fotolia, 57.© K.-U. Häßler/Fotolia, 58.© Orlando Bellini/Fotolia, 59.© Jag_cz/Shuttestock, 60.© LianeM/Fotolia, 61.© Eric Graevert/Fotolia, 62.© Bernd S./Fotolia, 64.© mr.nico/Fotolia, 65.© manu/Fotolia, 66.© ivan kmit/Fotolia, 67.© womue/Fotolia, 68.© emmi/Fotolia, 69.© JürgenFälchle/Fotolia, 70.© panimo/Fotolia, 71.© Sunnydays/Fotolia, 72.© winni/Fotolia, 73.© Leonid Tit/Fotolia, 74.© hfng/Fotolia, 75.© pdesign/Fotolia, 76.© veida/Fotolia, 77.© Jennifer Nickert/Shuttestock, 78.© Günter Menzl/Fotolia, 79.© Vivian Seefeld/Fotolia, 80.© Anton Gvozdikov/Fotolia, 81.© Per Tillmann/Fotolia, 82.© inacio pires/Fotolia, 83.© Martina Roth/Fotolia, 84.© Svetlana Wall/Fotolia, 85.© Lakov Kalinin/Fotolia.

Wir danken den genannten Rechteinhabern für die freundliche Erteilung der Abdruckgenehmigung. Der Verlag hat sich bemüht, alle Rechteinhaber in Erfahrung zu bringen. Für zusätzliche Hinweise sind wir dankbar.

Bibliografische Information der Deutschen Nationalbibliothek
Die Deutsche Nationalbibliothek verzeichnet diese Publikation in der Deutschen Nationalbibliografie; detaillierte bibliografische Daten sind im Internet über http://dnb.d-nb.de abrufbar.

Besuchen Sie uns im Internet:
www.st-benno.de

Gern informieren wir Sie unverbindlich und aktuell auch in unserem Newsletter zum Verlagsprogramm, zu Neuerscheinungen und Aktionen. Einfach anmelden unter www.vivat.de.

ISBN 978-3-7462-6238-3

Zusammenstellung: Volker Bauch, Gößnitz
Umschlaggestaltung: Ulrike Vetter, Leipzig
Gesamtherstellung: Kontext, Dresden (D)